This Cute Book Belongs To

____

____

1

2

			22	14
	12	22 \ 13	8	
25				8
23	5			
9		5		

3

4

5

6

	15	14		
4			22	15
25			6	
21		6		
		16		

7

<table>
<tr><td></td><td></td><td>18</td><td>14</td><td>10</td></tr>
<tr><td></td><td>17</td><td></td><td></td><td></td></tr>
<tr><td></td><td>11 / 15</td><td></td><td>4</td><td>3</td></tr>
<tr><td>15</td><td>9</td><td>5</td><td></td><td></td></tr>
<tr><td>6</td><td></td><td></td><td></td><td></td></tr>
</table>

8

9

		19	21	
	7 / 10		5	15
20			9	
25		7		
	13	9		

10

11

	9\	21\	18\	
\15	8		1	
\7				\8
	18\			
	16\	2		5

12

13

14

15

<table>
<tr><td>■</td><td>■</td><td>■\25</td><td>■\26</td><td>■</td></tr>
<tr><td>■</td><td>■ 9\12</td><td>3</td><td></td><td>■\3</td></tr>
<tr><td>■\20</td><td></td><td>6</td><td></td><td></td></tr>
<tr><td>■\16</td><td></td><td></td><td>2</td><td></td></tr>
<tr><td>■</td><td>■\15</td><td></td><td>8</td><td>■</td></tr>
</table>

16

17

18

19

20

21

	12\	25\	17\	
\9				
\20	7		4	\10
	\14	8		4
	\21			

22

23

24

25

26

27

■	■	23\	28\	■
■	4\13	5		10\
\23			6	
\18		9		
■	\11		9	■

28

	13	18		
10		3	18	22
26				7
20	4			
		15	6	

29

30

■	■	↓18	↓27	■
■	↓8 →10		8	↓14
→23	3			
→19				9
■	→15	9		■

31

32

33

	6\	23\	20\	
\15	2		8	
\16				10\
	\7			
	\21	8		6

34

35

36

		26	17	
	15 \ 11		2	6
21	7			
20				4
	12	4		

37

<table>
<tr><td>█</td><td>█</td><td>18╲</td><td>20╲</td><td>10╲</td></tr>
<tr><td>█</td><td>╲15</td><td></td><td>5</td><td>9</td></tr>
<tr><td>█</td><td>╲14
10╲</td><td></td><td></td><td></td></tr>
<tr><td>16╲</td><td></td><td></td><td></td><td>█</td></tr>
<tr><td>13╲</td><td>1</td><td>4</td><td></td><td>█</td></tr>
</table>

38

39

40

41

			17\	15\
		14\		
	\15 23\		9	
\17 13\		1		
\14				

42

43

44

		20	16	
	14\9		9	8
19				6
17	5			
	3	2		

45

46

47

		18\	21\	15\
	\12		4	6
	19\ \13			
\13				
\23	6	9		

48

50

51

52

54

55

56

57

58

59

60

62

63

		18	25	
	16\9		9	10
20				6
14	1			
	12	8		

64

65

66

67

68

69

18 21

12
4
11
13

26
8

12
4

13
4

	11\	12\		
\8		\6	23\	12\
\19		1		
\15			6	
		\16	9	

71

			10	20
	13	12 \ 8	1	
17			2	
18		6		
12		5		

72

73

■	■	14 \	29 \	■
■	9 \ 12	7		8 \
\ 18				5
\ 20	6			
■	\ 10		9	■

74

	8	17	21	
13	5		7	
15				6
	10			
	14	9		1

75

Solutions:

1

			17\	13\
	\14	\9 4	1	3
18\	4	1	7	6
23\	8	2	9	4
8\	2	6		

2

			22\	14\
	12\	22\13	8	5
\25	3	9	5	8
\23	5	8	9	1
\9	4	5		

3

		26\	19\	
	11\ \9	9	2	\5
\23	5	7	8	3
\19	4	8	5	2
	\6	2	4	

4

		21\	21\	
	\12 6\	4	8	\12
\16	1	2	4	9
\21	5	6	7	3
	\11	9	2	

5

		28\	13\	
	\15 13\	9	6	\9
\20	9	6	4	1
\19	4	5	2	8
	\9	8	1	

	15\	14\		
\4	3	1	22\	15\
\25	8	7	6	4
\21	4	6	9	2
		\16	7	9

7

		18\	14\	10\
	\17	4	6	7
	11\15	8	4	3
15\	9	5	1	
6\	2	1	3	

8

		12\	20\	
	7\5	1	4	9\
\19	3	6	2	8
\17	4	3	9	1
	\7	2	5	

9

		19\	21\	
	\7 10\	2	5	15\
20\	4	1	9	6
25\	6	7	3	9
	13\	9	4	

10

			11\	9\
		\9 17\	2	7
	\15 7\	9	4	2
\10	4	1	5	
\10	3	7		

11

	9\	21\	18\	
\15	8	6	1	
\7	1	4	2	8\
	\18	9	6	3
	\16	2	9	5

12

		17	22	
	13 \ 14	6	7	11
17	9	1	5	2
22	5	2	6	9
	12	8	4	

13

	13\	13\		
\7	5	2	21\	
\17	8	5	4	\4
	\15	6	8	1
		\12	9	3

14

15

		25	26	
	12 \ 9	3	9	3
20	5	6	7	2
16	4	9	2	1
	15	7	8	

16

17

This is a Kakuro (cross-sums) puzzle grid.

		21\	17\	
	\11 7\	5	6	13\
\28	4	8	7	9
\10	3	2	1	4
	\9	6	3	

18

		25＼	24＼	
	12＼10＼	3	9	6＼
＼12	4	5	2	1
＼28	6	9	8	5
	＼13	8	5	

<table>
<tr><td></td><td></td><td>17\</td><td>18\</td><td></td></tr>
<tr><td></td><td>17\9</td><td>6</td><td>3</td><td>\8</td></tr>
<tr><td>23\</td><td>8</td><td>2</td><td>7</td><td>6</td></tr>
<tr><td>21\</td><td>9</td><td>4</td><td>6</td><td>2</td></tr>
<tr><td></td><td>\7</td><td>5</td><td>2</td><td></td></tr>
</table>

20

<table>
<tr><td></td><td>14</td><td>15</td><td>16</td><td></td></tr>
<tr><td>11</td><td>8</td><td>1</td><td>2</td><td></td></tr>
<tr><td>16</td><td>6</td><td>3</td><td>7</td><td>10</td></tr>
<tr><td></td><td>14</td><td>9</td><td>3</td><td>2</td></tr>
<tr><td></td><td>14</td><td>2</td><td>4</td><td>8</td></tr>
</table>

21

<table>
<tr><td></td><td>12\</td><td>25\</td><td>17\</td><td></td></tr>
<tr><td>\9</td><td>5</td><td>1</td><td>3</td><td></td></tr>
<tr><td>\20</td><td>7</td><td>9</td><td>4</td><td>10\</td></tr>
<tr><td></td><td>14\</td><td>8</td><td>2</td><td>4</td></tr>
<tr><td></td><td>21\</td><td>7</td><td>8</td><td>6</td></tr>
</table>

22

<table>
<tr><td></td><td></td><td>12</td><td>25</td><td></td></tr>
<tr><td>9</td><td>12</td><td>3</td><td>9</td><td>5</td></tr>
<tr><td>15</td><td>6</td><td>2</td><td>3</td><td>4</td></tr>
<tr><td>15</td><td>3</td><td>6</td><td>5</td><td>1</td></tr>
<tr><td></td><td>9</td><td>1</td><td>8</td><td></td></tr>
</table>

23

		16 \	20 \	
	9 \ 10	7	2	10 \
17 \	3	4	9	1
23 \	7	3	4	9
	7 \	2	5	

24

<table>
<tr><td></td><td>14</td><td>14</td><td></td><td></td></tr>
<tr><td>13</td><td>5</td><td>8</td><td>12</td><td>14</td></tr>
<tr><td>21</td><td>3</td><td>4</td><td>6</td><td>8</td></tr>
<tr><td>17</td><td>6</td><td>2</td><td>4</td><td>5</td></tr>
<tr><td></td><td></td><td>3</td><td>2</td><td>1</td></tr>
</table>

25

<table>
<tr><td>■</td><td>11╲</td><td>8╲</td><td>■</td><td>■</td></tr>
<tr><td>9╲</td><td>8</td><td>1</td><td>19╲</td><td>21╲</td></tr>
<tr><td>21╲</td><td>1</td><td>3</td><td>9</td><td>8</td></tr>
<tr><td>21╲</td><td>2</td><td>4</td><td>8</td><td>7</td></tr>
<tr><td>■</td><td>■</td><td>8╲</td><td>2</td><td>6</td></tr>
</table>

26

		18\	20\	7\
	\11	6	3	2
	5\13	1	7	5
\15	2	9	4	
\11	3	2	6	

27

<table>
<tr><td>■</td><td>■</td><td>23\</td><td>28\</td><td>■</td></tr>
<tr><td>■</td><td>13\
\4</td><td>5</td><td>8</td><td>10\</td></tr>
<tr><td>23\</td><td>1</td><td>7</td><td>6</td><td>9</td></tr>
<tr><td>18\</td><td>3</td><td>9</td><td>5</td><td>1</td></tr>
<tr><td>■</td><td>11\</td><td>2</td><td>9</td><td>■</td></tr>
</table>

28

<table>
<tr><td></td><td>13\</td><td>18\</td><td></td><td></td></tr>
<tr><td>\10</td><td>7</td><td>3</td><td>18\</td><td>22\</td></tr>
<tr><td>\26</td><td>2</td><td>8</td><td>9</td><td>7</td></tr>
<tr><td>\20</td><td>4</td><td>7</td><td>3</td><td>6</td></tr>
<tr><td></td><td></td><td>\15</td><td>6</td><td>9</td></tr>
</table>

29

	16\	18\		
\14	8	6	20\	10\
\23	6	9	7	1
\14	2	3	5	4
		\13	8	5

30

<table>
<tr><td></td><td></td><td>18</td><td>27</td><td></td></tr>
<tr><td></td><td>10
8</td><td>2</td><td>8</td><td>14</td></tr>
<tr><td>23</td><td>3</td><td>6</td><td>9</td><td>5</td></tr>
<tr><td>19</td><td>5</td><td>1</td><td>4</td><td>9</td></tr>
<tr><td></td><td>15</td><td>9</td><td>6</td><td></td></tr>
</table>

31

<table>
<tr><td></td><td></td><td>14</td><td>19</td><td></td></tr>
<tr><td></td><td>6
11</td><td>5</td><td>1</td><td>14</td></tr>
<tr><td>21</td><td>5</td><td>2</td><td>8</td><td>6</td></tr>
<tr><td>21</td><td>6</td><td>4</td><td>3</td><td>8</td></tr>
<tr><td></td><td>10</td><td>3</td><td>7</td><td></td></tr>
</table>

32

			7\	6\
		\5 13\	4	1
	\9 6\	3	1	5
\12	4	6	2	
\6	2	4		

33

	6 ╲	**23** ╲	**20** ╲	
╲ **15**	2	5	8	
╲ **16**	4	9	3	**10** ╲
	╲ **7**	1	2	4
	╲ **21**	8	7	6

34

	10	16		
7	1	6	15	
12	9	1	2	6
	19	9	8	2
		9	5	4

35

	17\	21\		
\17	8	9	20\	14\
\23	4	8	9	2
\23	5	4	6	8
		\9	5	4

36

		26\	17\	
	\11 15\	9	2	\6
21\	7	8	4	2
20\	8	5	3	4
	\12	4	8	

37

		18	20	10
	15	1	5	9
	14 \ 10	7	6	1
16	9	6	1	
13	1	4	8	

38

39

11 19

5
10 3 2 6

17 3 2 8 4

18 7 5 4 2

6 1 5

40

		20\	18\	
	\8 10\	5	3	15\
22\	4	1	9	8
22\	6	8	1	7
	\11	6	5	

41

<table>
<tr><td>⬛</td><td>⬛</td><td>⬛</td><td>⬛ 17\</td><td>⬛ 15\</td></tr>
<tr><td>⬛</td><td>⬛</td><td>⬛ \15 14\</td><td>5</td><td>9</td></tr>
<tr><td>⬛</td><td>⬛ \17 23\</td><td>8</td><td>9</td><td>6</td></tr>
<tr><td>⬛ 13\</td><td>9</td><td>1</td><td>3</td><td>⬛</td></tr>
<tr><td>⬛ 14\</td><td>8</td><td>6</td><td>⬛</td><td>⬛</td></tr>
</table>

42

	9\	17\	19\	
\10	1	4	5	
\12	8	3	1	10\
	23\	9	6	8
	\10	1	7	2

43

		19	21	
	11\7	3	8	9
18\	6	8	1	3
23\	1	7	9	6
	4\	1	3	

44

		20＼	16＼	
	14＼ 9＼	5	9	8＼
19＼	4	7	2	6
17＼	5	6	4	2
	3＼	2	1	

45

<table>
<tr><td>⬛</td><td>24\</td><td>9\</td><td>⬛</td><td>⬛</td></tr>
<tr><td>\8</td><td>7</td><td>1</td><td>15\</td><td>10\</td></tr>
<tr><td>\20</td><td>9</td><td>6</td><td>1</td><td>4</td></tr>
<tr><td>\21</td><td>8</td><td>2</td><td>6</td><td>5</td></tr>
<tr><td>⬛</td><td>⬛</td><td>\9</td><td>8</td><td>1</td></tr>
</table>

46

47

		18	21	15
	12	2	4	6
19 / 13	19	3	7	9
13	7	4	2	
23	6	9	8	

48

<table>
<tr><td></td><td></td><td>14</td><td>24</td><td></td></tr>
<tr><td>6\9</td><td>3</td><td>6</td><td></td><td>9</td></tr>
<tr><td>17</td><td>2</td><td>4</td><td>8</td><td>3</td></tr>
<tr><td>20</td><td>4</td><td>1</td><td>9</td><td>6</td></tr>
<tr><td></td><td>7</td><td>6</td><td>1</td><td></td></tr>
</table>

49

		18\	18\	
	10\12	4	6	\10
\16	8	3	4	1
\22	4	2	7	9
	\10	9	1	

50

<table>
<tr><td>■</td><td>■</td><td>24╲</td><td>15╲</td><td>11╲</td></tr>
<tr><td>■</td><td>╲12</td><td>2</td><td>3</td><td>7</td></tr>
<tr><td>■</td><td>5╲14</td><td>9</td><td>1</td><td>4</td></tr>
<tr><td>13╲</td><td>2</td><td>6</td><td>5</td><td>■</td></tr>
<tr><td>16╲</td><td>3</td><td>7</td><td>6</td><td>■</td></tr>
</table>

51

		24\	18\	
	8\3	5	3	12\
\16	2	6	1	7
\21	1	9	6	5
	\12	4	8	

52

	13	12		
9	5	4	22	18
15	2	1	5	7
30	6	7	8	9
		11	9	2

53

54

			24\	7\
		\9 / 19\	7	2
	\17 / 9\	4	8	5
20\	3	8	9	
13\	6	7		

55

<table>
<tr><td>■</td><td>■</td><td>25\</td><td>17\</td><td>■</td></tr>
<tr><td>■</td><td>14\
10\</td><td>8</td><td>6</td><td>\13</td></tr>
<tr><td>24\</td><td>6</td><td>9</td><td>4</td><td>5</td></tr>
<tr><td>20\</td><td>4</td><td>6</td><td>2</td><td>8</td></tr>
<tr><td>■</td><td>\7</td><td>2</td><td>5</td><td>■</td></tr>
</table>

56

		20\	21\	
	13\ 5\	4	9	7\
14\	4	2	5	3
16\	1	8	3	4
	10\	6	4	

57

<table>
<tr><td></td><td>19\</td><td>20\</td><td></td><td></td></tr>
<tr><td>\15</td><td>9</td><td>6</td><td>23\</td><td>17\</td></tr>
<tr><td>\24</td><td>2</td><td>9</td><td>6</td><td>7</td></tr>
<tr><td>\23</td><td>8</td><td>5</td><td>9</td><td>1</td></tr>
<tr><td></td><td></td><td>\17</td><td>8</td><td>9</td></tr>
</table>

58

59

60

		19	10	
	13\7	4	3	14
23	5	6	4	8
17	8	1	2	6
	9	8	1	

<table>
<tr><td></td><td></td><td></td><td>16\</td><td>10\</td></tr>
<tr><td></td><td>22\</td><td>21\14</td><td>8</td><td>6</td></tr>
<tr><td>20\</td><td>9</td><td>7</td><td>3</td><td>1</td></tr>
<tr><td>22\</td><td>6</td><td>8</td><td>5</td><td>3</td></tr>
<tr><td>13\</td><td>7</td><td>6</td><td></td><td></td></tr>
</table>

62

<table>
<tr><td>■</td><td>■</td><td>20 ⟍</td><td>20 ⟍</td><td>■</td></tr>
<tr><td>■</td><td>17 ⟍
5</td><td>8</td><td>9</td><td>12 ⟍</td></tr>
<tr><td>13 ⟍</td><td>4</td><td>1</td><td>5</td><td>3</td></tr>
<tr><td>18 ⟍</td><td>1</td><td>6</td><td>2</td><td>9</td></tr>
<tr><td>■</td><td>9 ⟍</td><td>5</td><td>4</td><td>■</td></tr>
</table>

63

<table>
<tr><td>■</td><td>■</td><td>18\</td><td>25\</td><td>■</td></tr>
<tr><td>■</td><td>16\ \9</td><td>7</td><td>9</td><td>\10</td></tr>
<tr><td>20\</td><td>8</td><td>1</td><td>5</td><td>6</td></tr>
<tr><td>14\</td><td>1</td><td>2</td><td>7</td><td>4</td></tr>
<tr><td>■</td><td>12\</td><td>8</td><td>4</td><td>■</td></tr>
</table>

64

		21	20	
	12\10	4	8	4
13	2	6	4	1
22	8	9	2	3
	8	2	6	

65

	8\	21\		
\6	1	5	18\	15\
\25	5	7	4	9
\18	2	9	6	1
		\13	8	5

66

	21\	11\		
\11	8	3	10\	9\
24\	9	7	5	3
10\	4	1	3	2
		\6	2	4

67

			15	14
	13	13 \ 6	1	5
19	3	6	8	2
24	8	3	6	7
6	2	4		

68

<table>
<tr><td>■</td><td>■</td><td>28 ◣</td><td>18 ◣</td><td>■</td></tr>
<tr><td>■</td><td>11 ◣
◥ 11</td><td>9</td><td>2</td><td>15 ◣</td></tr>
<tr><td>27 ◣</td><td>4</td><td>6</td><td>8</td><td>9</td></tr>
<tr><td>26 ◣</td><td>7</td><td>8</td><td>5</td><td>6</td></tr>
<tr><td>■</td><td>8 ◣</td><td>5</td><td>3</td><td>■</td></tr>
</table>

69

<table>
<tr><td>■</td><td>■</td><td>18＼</td><td>21＼</td><td>■</td></tr>
<tr><td>■</td><td>12＼
11＼</td><td>8</td><td>4</td><td>13＼</td></tr>
<tr><td>26＼</td><td>7</td><td>5</td><td>6</td><td>8</td></tr>
<tr><td>12＼</td><td>4</td><td>1</td><td>2</td><td>5</td></tr>
<tr><td>■</td><td>13＼</td><td>4</td><td>9</td><td>■</td></tr>
</table>

70

	11	12		
8	2	6	23	12
19	6	1	8	4
15	3	5	6	1
		16	9	7

71

			10\	20\
	13\	12\8	1	7
\17	5	1	2	9
\18	1	6	7	4
\12	7	5		

72

	11\	24\	21\	
\15	3	4	8	
\20	8	5	7	\9
	17\	8	5	4
	13\	7	1	5

73

		14\	29\	
	12\9	7	5	8\
\18	3	2	8	5
\20	6	4	7	3
	\10	1	9	

74

	8\	17\	21\	
\13	5	1	7	
\15	3	4	8	6\
	10\	3	2	5
	14\	9	4	1

75